MÉMOIRE

SUR QUELQUES

APPLICATIONS DE L'ÉLECTRICITÉ

Par le lieutenant Alexandre DENFER

PREMIER MÉMOIRE PRÉSENTÉ AU CORPS D'ARTILLERIE
DE SARDAIGNE, LE 12 MARS 1854.

AVEC 4 PLANCHES

PARIS

LIBRAIRIE MILITAIRE, MARITIME ET POLYTECHNIQUE
DE J. CORRÉARD
Libraire-éditeur et libraire-commissionnaire
RUE SAINT-ANDRÉ-DES-ARTS 58

1857

PREMIER MÉMOIRE

SUR QUELQUES

APPLICATIONS DE L'ÉLECTRICITÉ

A L'ARTILLERIE

PARIS. — TYP. BEAULÉ, 10, RUE JACQUES DE BROSSE.

MÉMOIRE

SUR QUELQUES

APPLICATIONS DE L'ÉLECTRICITÉ

A L'ARTILLERIE

Par le lieutenant Alexandre BESSOLO

PREMIER MÉMOIRE PRÉSENTÉ AU CORPS D'ARTILLERIE DE SARDAIGNE, LE 12 MARS 1854.

AVEC 4 PLANCHES

PARIS

LIBRAIRIE MILITAIRE, MARITIME ET POLYTECHNIQUE

DE J. CORRÉARD

Libraire-éditeur et libraire-commissionnaire

RUE SAINT-ANDRÉ-DES-ARTS, 58

1857

PREMIER MÉMOIRE

SUR QUELQUES

APPLICATIONS DE L'ÉLECTRICITÉ

A L'ARTILLERIE

1. — Application de l'électricité à l'épreuve de la résistance des bouches à feu, des projectiles creux, des tubes, des chaudière, etc.

Une expérience que j'ai exécutée sur la décomposition de l'eau par le courant voltaïque en ses gaz élémentaires, oxygène et hydrogène, sous de fortes pressions (30 atmosphères), m'a conduit à appliquer cette tension à l'épreuve de la résistance des bouches à feu.

J'omets la description de cette expérience que j'ai décrite en détail dans une lettre adressée à

M. Carosio, et je me bornerai à rappeler les lois que j'ai signalées.

1° Un courant d'intensité suffisante pour décomposer l'eau sous la pression ordinaire de l'atmosphère peut la décomposer à toutes les pressions, du moins dans des limites fort étendues.

2° L'intensité du courant est indépendante de la pression sous laquelle se développent les gaz élémentaires de l'eau; c'est-à-dire que la force électro-motrice et toutes les résistances étrangères au voltamètre fermé, dans lequel a lieu la décomposition, restant les mêmes, l'intensité du courant sera sensiblement constante pendant la variation de la pression.

3° L'intensité du courant étant constante, la quantité d'eau décomposée dans un récipient fermé, et par conséquent la tension des gaz développés, est en raison directe du temps employé pour la décomposition.

J'ai vérifié ces lois jusqu'à 30 atmosphères absolues, ce qui suffit pour les faire admettre jusqu'à une limite assez éloignée.

Pour ne pas me perdre en théories, je vais indiquer comment on pourrait substituer l'application de ces conséquences, dans l'épreuve des bouches à feu, à l'emploi de la presse hydraulique.

Le tampon A B B (fig. 1, 2, 3) (1) employé dans les épreuves faites avec la presse hydraulique , un manomètre fermé M A U, un voltamètre V, dont les électrodes sont isolés aux points p et n et un robinet R destiné à fermer l'orifice par où l'on verse l'eau ; voilà tout mon appareil.

On fixe convenablement, et autant que possible, vers le centre du tampon (fig. 3), le tube de verre $t\,t'\,t''$ du manomètre, dont l'extrémité supérieure est fermée, et dont l'extrémité inférieure ouverte s'enfonce dans la cuvette cylindrique en fer $m\,m$.

La pression se communique dans cette cuvette par l'ouverture $r\,s$ fermée par un bouchon percé de petits trous, soit par un de matière poreuse, telle que le jonc, les tissus organiques, etc. Le tube extérieur $t\,t$, entouré d'une armature ordinaire, est gradué selon la loi de Mariotte, et préférablement *à posteriori* par expérience.

Le voltamètre V se compose d'un vase de verre $o\,o\,o$ fermé par un entonnoir de gutta-percha $o\,q\,q'$, ou par un couvercle garni de substance

____

(1) Les figures n'étant faites que pour la simple démonstration, ne sont pas à l'échelle ; en général elles sont disposées de manière à montrer toutes les dispositions essentielles, et particulièrement les fils conducteurs.

élastique, pour s'ajuster sur les bords du vase; le tout est placé dans une boîte métallique. Dans le vase, qui contient moins de la moitié de sa capacité d'eau acidulée (l'acide sulfurique doit être de $\frac{1}{4}$ à $\frac{1}{10}$ du volume total), vont s'immerger les deux électrodes $a\ c$, formés par deux lames de platine roulées en spirale, dont les tours (fig. 4) sont maintenus à petite distance par des chevilles isolantes. Ces lames ont une hauteur moindre que la moitié de celle du vase. Elles sont respectivement fixées (fig. 5) à deux fils de platine $a'\ p'\ p$, $c'\ n'\ n$, au moyen de soudures vernissées, ou mieux encore avec des goupilles, dans des entailles pratiquées dans les fils.

Ces fils passent à travers deux bouchons isolants (ivoire, os, bois surimbibé de mastic à chaud, verre, etc.), qui sont emboîtés dans le tampon même à vis, ou comme le grain de lumière Mathis, vont communiquer métalliquement aux boutons $p'\ n$. Une cloche $d\ d\ d\ d$ (cuivre, laiton, fer) couvre les deux récipients, et s'enfonce quelque peu au-dessous de leur ouverture.

Voilà maintenant comme on opérera. Supposons le manomètre en ordre, la capsule du voltamètre garnie du liquide acidulé ou salin qui couvre les électrodes, la bouche à feu placée verticalement, avec la culasse en bas, la lumière solidement bouchée et l'âme remplie d'eau ; on placera le tampon comme à l'ordinaire, laissant ouvert le robinet R pour pouvoir ajouter de l'eau jusqu'à ce que l'entonnoir I reste rempli. On ferme alors le robinet R, et on met les pôles P, N d'une pile (p. e. 3 couples de Bunsen, fig. 2) en communication avec les boutons $p\,n$, en serrant avec des vis les extrémités de deux rhéophores qui sont formés de fils de cuivre en hélice, ou de petits rubans, etc.

En peu de temps, selon l'intensité du courant et la capacité non occupée par l'eau, le manomètre M marquera les pressions croissantes, et ira jusqu'à rejoindre la tension régulamentaire ; alors on interrompra le circuit en dévissant les vis p ou n, et l'épreuve sera terminée.

On pourrait disposer l'instrument de manière que le courant s'interrompe lui-même quand la tension arrive à la limite fixée : à cet effet, un des boutons à vis, par exemple n, serait mis en communication métallique avec le tampon, et par conséquent un pôle de la pile serait en communication avec le mercure du manomètre ; il suffit pour cela de supprimer le manchon isolateur d'un des électrodes. Le pôle positif conduirait, comme auparavant, le courant isolé à l'anode a, tandis que le cathode c serait en communication avec le mercure par le fil *cfffgg* isolé, qui va d'un récipient à l'autre, et pénètre dans le mercure jusqu'à la profondeur *gg* correspondante à la dépression donnée par la tension regulamentaire.

Evidemment le mercure, en s'abaissant, laissera découvert le fil gg, qui finit en anneau autour du tube manométrique, et le circuit sera interrompu, car l'électricité parcourrait le circuit P (pôle positif de la pile) p, P', $a+$ liquide électrolyte $+$ *cfffgg* $+$ mercure $+$ les parois de la capsule $+$ le corps du couvercle $+$ n N (pôle négatif).

Pour démonter, on ouvrira d'abord le robinet R, par lequel l'eau sera projetée avec force, puis le gaz jusqu'au rétablissement de l'équilibre des pressions , et on pourra alors lever aisément le tampon.

Il est inutile de développer les détails de cette construction. On remarquera que la cloche doit tenir l'eau éloignée des liquides du manomètre et du voltamètre, et que la différence de niveau α β (fig. 3) entre son bord et celui de l'entonnoir I permet à l'eau de pénétrer assez dans la cloche, pour que les gaz ne puissent en sortir pendant l'opération. Il en résulte : 1° que toute la paroi de l'âme sera en contact avec l'eau ; 2° que la ligne de fermeture du couvercle se trouvant mouillée, empêchera mieux les pertes ; s'il y en avait, on s'en apercevrait aussitôt.

Les rayons U B', U B (fig. 1) étant l'un plus petit que le demi-calibre du canon de 8, et l'autre plus grand que celui du pierrier, il s'ensuit que l'appareil pourra servir pour toutes les bouches à feu. La fermeture en entonnoir du récipient du voltamètre, et celle à trous capillaires de celui du manomètre, ont pour objet de rendre la machine plus maniable et moins sujette aux dérangements, quelque position qu'elle puisse prendre accidentellement.

En effet, le liquide acidulé du premier récipient ne pouvant sortir à cause de la construction du couvercle (comme certains encriers en verre), il ne faudra d'autre soin que celui d'ajouter de l'eau à de grands intervalles, pour remplacer celle qui a été décomposée ou qui s'est évaporée, quand les électrodes seront à découvert. Les bouchons poreux du manomètre, tout en laissant agir la pression, suffiront pour contenir le mercure, naturellement très-dense.

Je crois utile de faire une autre observation ; si l'on désire une grande précision dans les indications manométriques, il faut empêcher l'échange d'air entre l'atmosphère et le tube manométrique, afin que la quantité qu'on y a laissée dans la construction reste constante. Supposons, en effet, que nous ayons construit le manomètre à la pression moyenne. Soit p cette pression, l la longueur A B (fig. 7) occupée par l'air dans le tube plongé dans le vase. En partant de l'extrémité fermée A, les longueurs $\frac{l}{2}\frac{l}{3}\frac{l}{4}$ etc., indiqueront dans le tube cylindrique, abstraction faite du poids du liquide, les pressions $2p$, $3p$, $4p$, etc. Soit $p + \omega$ la pression actuelle à un instant quelconque de l'expérience (ω sera positif ou négatif), si, en se servant de l'instrument, on découvrait l'ouverture B, la quantité d'air dans le tube serait changée; maintenant la longueur manométrique l correspondrait à la pression $p + \omega$; par conséquent, les longueurs $\frac{l}{2}\frac{l}{3}\frac{l}{4}$ etc. représenteraient respectivement les pressions $2(p+\omega)$, $3(p+\omega)$, $4(p+\omega)$, etc.; ainsi l'indication de 12 atmosphères se rapporterait à la pression $12(p+\omega)$, et donnerait pour la pression supportée par la bouche à feu une différence de $12\,\omega$ sur la pression établie et adoptée; tandis que s'il n'y avait pas eu échange d'air, le numéro 12 de la gradation exprimerait constamment la pression absolue, $12p$. Ainsi une construction convenable éviterait de calculer la différence entre la pression actuelle et celle régulamentaire, à moins qu'on ne veuille la négliger; elle éviterait de plus l'inconvénient de l'introduction des vapeurs hygrométriques, qui, en parvenant à la saturation, ne suivraient plus la loi de Mariotte.

Voici la disposition destinée à rendre le manomètre invariable : Supposons le manomètre gradué de manière à se rapporter à la pression moyenne de l'atmosphère, construisons la cuvette en cylindre équilatère, dont $m\,m$ (fig. 3), (diamètre et hauteur), soit au moins égal à 2^δ (2^δ est la hauteur barométrique comprise entre les pressions maxima et minima de l'atmosphère), et prolongeons le tube manométrique jusqu'au centre t'' du récipient rempli de mercure. Quelle que soit la position du manomètre, l'ouverture t'' ne sera libre pour le passage de l'air que si ω est positif, et on aura toujours une colonne de mercure au moins égale à la hauteur δ, qui s'opposera à la sortie de l'air, dans le cas où ω serait négatif, car on a toujours $\omega < \delta$.

Je choisis encore pour liquide du manomètre le mercure, parce que son évaporation est insensible, ainsi que son attraction capillaire sur les parois du tube, et que sa pesanteur spécifique rend moins convergente la série des divisions, quoiqu'il soit nécessaire pour cela d'établir l'aplomb dans les expériences.

J'ai donné de grandes surfaces aux électrodes et les ai rapprochés, afin de réduire le plus possible la résistance du liquide, et de la rendre comparable à celle des conducteurs métalliques, pour obtenir une plus grande économie dans les dimensions de la pile.

Les avantages de cet appareil sur celui de la presse hydraulique seraient : 1° la simplicité, puisqu'on supprimerait la presse délicate et lourde, ce qui permettrait de l'employer à peu de frais dans plusieurs places; 2° une plus grande précision, par la substitution d'une force croissante graduellement à une intermittente.

J'omets, pour abréger, la description de la machine pour éprouver la résistance des boulets creux. Elle ne différerait d'ailleurs de la précédente que par quelques rapports cinématiques.

II. — Application de l'électricité à la mesure de la vitesse des projectiles.

Mon objet principal étant le progrès de la

science, je tiens peu aux questions de priorité, car bien souvent, lorsque je trouve dans de nouveaux ouvrages quelque coïncidence totale ou partielle avec quelque découverte qui m'a coûté de pénibles travaux, je me trouve assez compensé par la conviction que mes idées ont été justes, et par l'avantage de pouvoir en profiter pour la solution de cette question importante.

En outre, le champ qui m'est ouvert est si vaste que j'espère conserver quelque droit au titre d'inventeur dans l'opinion d'autrui ; du reste, la plus belle compensation pour moi consiste dans la satisfaction de ma propre conscience. C'est pour cela que je déclare que dans les solutions suivantes des instruments balistiques, je n'ai eu d'autres instructions que celles qui se trouvent dans la brochure : *Mémoire sur un projet de chronographe électro-magnétique, etc., par Martin de Brettes*, 1849 ; l'ouvrage du capitaine belge M. Navez (1) étant arrivé à ma connaissance pendant que je travaillais à ce mémoire.

(1) *Application de l'électricité à la mesure de la vitesse des projectiles.* — 1853.

III. — Systèmes électro-magnétiques.

Les appareils destinés à la mesure des effets balistiques ou des intervalles de temps très-courts, qui ont pour base l'électro-magnétisme comme ceux de Wheastone, Bréguet, Martin de Brettes et autres, moins celui de Pouillet, sont basés sur la séparation du *contact* et de son électro-aimant quand le courant électrique est interrompu par une disjonction directe, faite par le projectile qui rompt le conducteur. Or, l'expérience prouve : 1° que la force coërcitive du fer, quelque doux qu'on puisse le trouver, ne permet pas la désaimantation instantanée ; 2° que la polarité restante varie avec l'intensité du courant, la distance relative, la nature des surfaces de contact, et par suite d'autres causes accidentelles, telles que la température, la nature et la forme des conducteurs, etc. En conséquence, l'intervalle de temps entre l'interruption du circuit et le moment du détachement du contact est cause d'irrégularités incalculables.

Sans entrer ici dans les détails des machines que je propose pour cet usage, je me bornerai à donner une méthode plus précise : je substitue l'attraction du contact au détachement, que j'omets complétement, et de plus, j'emploie d'autres systèmes d'électro-aimants. La difficulté consiste à opérer la fermeture du circuit par la rupture d'un fil. Pouillet la produit indirectement par la rupture d'un fil de soie, qui donne à un ressort la faculté de fermer le circuit métallique d'un électro-aimant; mais ce procédé mécanique ne ferme pas instantanément le circuit, car le mouvement produit requiert un temps qui dépend d'éléments dont la constance n'est pas assez assurée. Je produis la fermeture immédiate.

IV. — Électro-aimant à double conducteur.

Supposons la bobine de l'électro-aimant composée de deux fils égaux et parallèles, qui s'enroulen tautourdu fer, et dont les extrémités aillent aux pôles opposés de deux piles de même puissance, ou mieux encore, aux pôles contraires de la même pile, de manière que les deux fils soient parcourus par des courants égaux et de direction opposée; leur effet sur le fer sera nul, car leurs actions se neutraliseront. Si l'un des fils constitue la cible, sa rupture déterminera l'aimantation du fer doux, par le courant de l'autre conducteur, dont l'action n'est plus neutralisée. L'un des deux circuits comprendrait un rhéostat, au moyen duquel on réglerait graduellement la résistance de manière à établir l'équilibre entre les courants des deux fils. Cette opération se ferait surtout après qu'on aurait raccommodé le fil brisé dans le tir. Mais à parité de circonstances, on aurait par cette disposition un aimant de moindre force, car la moitié seule du fil constituant la bobine est active; de plus, cette bobine a d'autres défauts : elle est sujette aux courants d'induction et il y a encore la difficulté de maintenir l'égalité des courants. Cependant, quant à ce dernier défaut, je ferai observer que la parfaite égalité des courants n'est pas nécessaire si la différence ne donne pas assez de magnétisme pour vaincre le ressort antagoniste qui retient le contact à distance. Il n'y aurait donc en définitive qu'une petite perte de force pour donner plus de tension au ressort. Mais j'ai d'autres solutions.

V. — Circuit d'équilibre.

Soit P la pile (fig. 8), M l'électro-aimant, B *td*,

cible, R un rhéostat; l'électro-aimant est à un seul fil conducteur, mais ses extrémités a, b, communiquent en même temps, chacune avec les deux pôles opposés p, n, de la pile. A cet effet, en partant de l'extrémité a on a les conducteurs a e R F m n P p m b (extrémité opposée) et a c d B g o p P n h i B k l b. (1). Le second conducteur suivi par le courant en direction contraire à celle qu'on a indiquée passe deux fois dans la cible. En supposant les deux conducteurs de même résistance (ce que l'on obtiendra par le rhéostat R), la pile aura deux circuits fermés, p m b l k B i h n, et p o g B d c a e R f m n, par lesquels passera un double courant, en laissant à l'écart le conducteur de la bobine de l'électro-aimant; ce dernier se trouvera ainsi avec ses extrémités a, b, entre quatre courants, deux à deux égaux et contraires, et son hélice restera sans courant quelle que soit sa résistance : le rapport de cette résistance aux autres étant très-grand, il y a tendance à l'équilibre, quand même il y aurait quelque différence entre les intensités de ces deux conducteurs.

Lorsque les deux fils de la cible B sont rompus,

(1) Le point m n'est qu'une projection de croisement sans communication.

la bobine de l'aimant est parcourue entièrement par le courant du conducteur $p\,m\,b\,M\,a\,e\,R\,f\,m\,n$.

Je ferai observer qu'ici le rhéostat suffit pour établir grossièrement l'égalité des résistances, et que les deux fils de la cible qui devront être simultanément rompus par le projectile doivent parcourir également tous les tours, soit réunis et isolés par une enveloppe (coton, soie, vernis, etc), (fig. 9, n° 1), soit près l'un de l'autre sans se toucher et en direction parallèle (n° 2) soit encore disposés comme à l'ordinaire, mais sur les deux faces du châssis (n° 3). Dans ces deux dernières dispositions on est dispensé de l'enveloppe, qui rendrait plus difficile le raccommodage.

Un électro-aimant qui fonctionne par détachement ne peut servir aux usages balistiques qu'aux conditions : 1° faiblesse du courant ; 2° éloignement du *contact* de l'aimant ; 3° ce qui est pire, emploi d'un seul pôle. Au contraire, quand on met en jeu l'attraction, on rend l'électro-aimant plus approprié à ces usages, quand on lui donne le plus haut degré de magnétisme, quand on met en jeu les deux pôles, enfin quand on se place dans les meilleures conditions magnétiques. L'aimantation est presque aussi instantanée que le courant, par conséquent, quand la course du contact sera très-petite pour produire son effet, comme, par exemple, dans un chronographe, pour porter une aiguille en contact du cylindre, on pourra considérer l'action comme instantanée.

Le courant induit, qui se manifeste à l'entrée du courant dans le conducteur de la bobine, n'aura pour effet que de diminuer l'action du courant principal sans le retarder. Dans l'appareil que nous venons de décrire l'aimant n'a plus de fil inutile, et il est parcouru par un courant qui vient de la pile sans aucune dérivation.

J'assure, en outre, qu'il est possible de réduire presqu'à zéro l'intervalle de temps entre la rupture du fil et la production du signal.

Appliquons, par exemple, ce que nous venons de dire au chronographe de Martin de Brettes. Soit (fig. 10) C le cylindre tournant d'un mouvement uniforme, S le style placé à l'extrémité d'un levier S L, oscillant dans le plan tangent à la génératrice, touchée par le style, et autour de l'axe o, qui est à égale distance des deux contacts; MM', MM', sont deux aimants en fer de cheval, dont les pôles conjugués sont situés sur des parallèles au dit axe. Leurs extrémités et les contacts sont taillés en coin (pour ne pas comprimer l'air), et réduits à la plus petite masse; le levier, de construction légère, doit être aplati dans le plan du mouvement, les aimants doivent être puissants, et la course des styles à peine sensible. On laissera le style tracer un arc sur le cylindre, il y aura ainsi pendant l'expérience une pression constante, de sorte que l'uniformité du mouvement persistera ; le trait tracé par l'attraction du style, et qui conserve la même profondeur que l'arc de cercle auquel il est normal à son origine, sera facilement reconnu par le changement de direction, c'est-à-dire par le premier élément de la courbe quelle qu'en soit la grandeur. Pourvu qu'on ait égard à la limite minima, nécessaire pour voir clairement la marque faite par le style, on pourra accroître presque indéfiniment la vitesse du style en variant le rapport des bras de levier. On disposerait alors le contact à la plus petite distance de l'électro-aimant (1).

Les électro-aimants ordinaires ont une limite de force lorsqu'ils sont saturés, et que la masse du contact est réduite au minimum ; arrivé à cette limite, on ne gagne plus rien en vitesse, car les masses des contacts croissent en proportion de la force des aimants, mais cette limite est as-

(1) Le ressort R est reglé de manière à ramener le style à sa position initiale, sans avoir égard à sa vitesse.

sez éloignée. Toutefois je pourrais produire une vitesse quelconque avec une disposition qui serait trop longue à décrire, et dont la description sera réunie à celle de mon système de moteur électro-magnétique, dont elle fait partie. La disposition des aimants dans la figure a simplement pour objet de fixer les idées.

Pour mesurer la vitesse initiale, ou. plus généralement, la vitesse du projectile en un point quelconque de sa trajectoire, il est nécessaire d'avoir deux styles, dont l'intervalle entre le commencement de leur mouvement servirait de mesure au temps employé par le projectile pour parcourir l'espace qui sépare deux cibles, l'une placée sur le point en question, et l'autre à une distance de la première aussi petite que pourra la comporter l'exactitude de l'instrument. Il est évident qu'on obtiendrait cela en répétant à ces deux points tout ce qui est indiqué à la fig. 8, avec les détails égaux ou semblables à ceux de la fig. 10.

Pour déterminer la vitesse initiale, il conviendra de remplacer la première cible par un seul trait du double fil placé à la bouche de la pièce. J'omets, pour abréger, les détails des dispositions que je donnerais à l'appareil pour l'étendre au cas de n points, en faisant servir toujours une seule pile, deux styles, $n+1$ cibles, n rhéostats.

VI. — Électro-aimant à réaction entre le fer et le conducteur.

J'exposerai plus tard (pag. 32) la manière de tenir compte de la différence des temps employés par les styles pour exécuter les signaux résultant de la disjonction du conducteur respectif.

Lorsque dans un aimant ordinaire le fil conducteur ne sera pas serré contre le fer, de manière que celui-ci puisse se mouvoir librement dans l'arc de la bobine (en enveloppant le fil conducteur autour d'un tube concentrique) Si, durant l'action du courant, on le tire quelque peu hors de sa position symétrique rapport à la bobine, il tend à y retourner et à s'y maintenir avec une force dépendant de l'action magnétisante du conducteur, du magnétisme pris par le fer, de la forme, du rapport de longueur, de la position respective du fer de la bobine.

Soient (fig. 11, 12-13), AA, BB, A'A', B'B', deux couples de bobines creuses (c'est-à-dire sans noyau en fer), courtes dans le sens de l'axe, et à un grand nombre de tours des fils dans le sens du diamètre, fixées au levier du style ST au lieu

des contacts. Soit P,P', Q,Q', deux couples d'é-
lectro-aimants ordinaires en fer à cheval dans
lesquels les extrémités polaires α β (fig. 11) sortent en dehors de leur bobine un peu moins que
la longueur des bobines du levier. Comme ces
extrémités polaires se trouvent engagées dans les
bobines respectives du levier, moins la longueur
β γ (qui est un peu plus grande que la course du
levier), quand on fera passer le courant dans
toutes les bobines, celles du levier se jetteront sur
les électro-aimants; et lorsqu'il cessera, elles en
seront repoussées par le ressort antagoniste R, et
cela sans obstacle de la part de la force coërcitive, car la réaction cesse avec le courant.

Dans la fig. 12 les couples supérieurs et infé-
rieurs des bobines agiront alternativement, en
se passant du ressort antagoniste. Dans la fig. 13
on a le double effet sans le ressort; les fers AA,
BB, A'A', B'B' sont fixés au levier ST et glissent
dans leurs bobines respectives P,P', Q,Q', P,P',
Q,Q'. Ce sont quatre cylindres en fer accouplés
deux à deux par des traverses en fer LL, LL' respectivement, lesquelles divisent chaque couple en
deux fers à cheval qui s'engagent dans huit bobines
vides à moitié. Quand le courant passera dans le
couple supériuer P,P' de gauche, et dans l'infé-

rieur Q',Q', de droite, le style S se portera à gauche d'une petite quantité, et le contraire aura lieu par l'action simultanée des autres bobines.

Pour mieux comprendre les conditions dynamiques dépendantes des formes décrites, je citerai les lois que j'ai reconnues:

1° La *force portante* est en raison directe du carré de l'action magnétisante du courant, ou bien (plus explicitement) en raison directe de l'intensité du courant, multipliée par le nombre des tours du fil conducteur de la bobine, en les supposant concentrés dans une couche cylindrique d'un certain rayon intermédiaire, multiplié par la quantité de fluide décomposé dans le fer (qu'il soit dû à l'action du courant de la bobine réagente, ou à une autre action actuelle ou permanente).

Quand on réfléchira à l'égalité de la réaction, il deviendra évident que, si la décomposition du fluide magnétique du fer est entièrement produite par le courant réagissant, le résultat final de la réaction réciproque entre le fer et le conducteur sera en raison directe du carré de l'action magnétisante, et, à parité de circonstances, en raison directe du carré de l'intensité du courant.

2° A circonstances égales, c'est-à-dire les conditions de la bobine, l'intensité du courant, etc., étant constantes, la *force portante* augmente avec la longueur du fer par une série convergente, telle, par exemple, que pour un fer de longueur dix fois plus grande que celle de la bobine, on est presque arrivé à la limite.

3° On pourra cependant augmenter indéfiniment la force portante si l'on magnétise le fer par un conducteur solidaire sur sa longueur indéfinie.

4° Il y a une position du fer rapport à la bobine correspondante au maximum d'attraction réciproque, qui change avec le rapport des longueurs respectives, et avec la quantité du fluide magnétique décomposé par une autre action que celle du courant de la bobine. Quand l'action seule de la bobine a lieu, la position correspondante au maximum, dans le cas d'un fer de très-grande longueur en proportion de celle de la bobine, sera celle du fer engagé dans la bobine, jusqu'à confondre son pôle intérieur avec celui plus éloigné de la bobine.

C'est d'après ces lois que je crois signaler comme les meilleures les dispositions des figures 11 et 12, parce qu'avec un levier d'une masse constante elles permettent (à part la question économique) d'accroître indéfiniment la force motrice.

En effet, le facteur qui dépend de la bobine mobile (qu'on suppose déjà parcourue par le courant maximum) étant constant, on pourra faire varier indéfiniment le facteur qui dépend de la polarité du fer appartenant à la bobine fixe, tandis que dans la disposition de la fig. 13 on ne pourrait gagner aussi rapidement par l'accroissement de la longueur et du diamètre de la bobine, sans changer la masse du fer qui est portée par le levier, et à laquelle il faudrait imprimer le mouvement. Le choix d'un des trois systèmes dépend de la disposition des conducteurs et des cibles. En effet, celle de la fig. 11 permet, selon l'usage adopté, de faire passer le courant dans le simple conducteur, dont la cible fait partie, de sorte que la rupture du circuit met en mouvement le stylo au moyen du ressort antagoniste R, qui faisait opposition à la force de l'aimant. En admettant l'avantage très considérable d'avoir la force constante du ressort non plus troublée par la force coërcitive, on entrerait dans le cas ordinaire des chronographes de Martin de Brettes, Bréguet, etc. Cet appareil suffirait sans doute à la mesure de la vitesse des projectiles. Si l'on réglait le ressort antagoniste de manière à équilibrer la moitié de la force des électro-aimants, quand ces derniers seront actifs, le style sera poussé par la moitié excédante de la force; et quand leur action cessera, le style sera mis en mouvement par une force égale due au ressort. Pour cela il suffit de faire passer dans une seconde cible le fil conducteur $p\ m\ b\ M\ a\ e\ k\ f\ m\ n$ de la fig. 8. En effet (fig. 14), quand la balle traversera la première cible B, le courant passera dans les bobines des aimants M (comme je l'ai expliqué à la page 15) et le style S se mettra en mouvement dans le sens de la flèche; et quand elle traversera la seconde cible B' (qui fait partie intégrante du circuit $p\ v\ B'\ u\ l\ m\ b\ M\ a\ e\ R\ f\ m\ n$, qui est maintenant en activité), le circuit sera interrompu, et le style se mouvra en sens invers. Si la cible B, réduite à un tour de double fil, était à la bouche de la pièce, et la cible B' à la distance par exemple de 10^m, il est clair qu'on aura, avec un seul style et une seule pile, le moyen de mesurer la vitesse initiale.

Il est facile de concevoir qu'en répétant un appareil semblable, ou avec la combinaison d'appareils dérivés, on pourra le faire servir pour plusieurs points de la trajectoire, en alternant ainsi l'attraction et le détachement du levier. Les marques sur le cylindre chronographique A B (fig. 15) seraient représentées par la ligne a $_\alpha$ β $_{\alpha'}$ β' b, où $_\alpha$ B indiquerait le trait correspondant à la cible B, et L' B', celui correspondant à la cible B', tandis que l'arc compris entre les génératrices qui passent par $_\alpha$ et β' donnerait la mesure de la vitesse cherchée quand on connaît la vitesse du cylindre. La disposition de la fig 12 se prête encore à l'usage de la disjonction simple, faite comme il est indiqué à la page 6. L'aimant de chaque bras de levier serait parcouru par deux courants dérivés de la même pile, l'un passant par la cible simple, comme à l'ordinaire, l'autre réglé avec le rhéostat de manière à équilibrer l'action du premier. Lorsque la cible sera frappée le style sera mis en mouvement par ce courant, qui ne passe par la cible. Ce cas correspond, pour les conditions mécaniques, à celui cité au commencement de ce mémoire, c'est-à-dire de la bobine à double fil, ou à aimant différentiel.

Mais la disposition du conducteur indiqué à la fig. 8 serait préférable en la répétant pour chaque aimant aux deux bras du levier. Le levier en repos, à la position du plus grand détachement au bras supérieur, aurait les aimants, des deux bras soustraits à l'influence du courant à cause de l'équilibre électrique du circuit dans chaque

système de conducteur; en rompant la cible à
double fil se référant, par exemple, aux aimants
du bras supérieur, le style se mouvra de gauche
à droite; au contraire le mouvement aura lieu de
droite à gauche en rompant la cible relative aux
aimants du bras inférieur.

Ce système procurera aussi l'avantage d'éga-
liser directement les deux forces et les vitesses
du style, lorsque, par une disjonction simultanée
des circuits des deux cibles, on aura vérifié par
l'immobilité du style l'égalité des deux forces
en équilibre.

On obtient des résultats analogues à ceux
qu'on vient de citer par le système représenté à
la fig. 13, avec la différence qu'on aura une
double action correspondante à chaque bras,
sauf toujours les considérations dépendantes de
la construction.

IV. — Systèmes électro-chimiques.

1° *Considérations générales.*

L'inertie, les frottements, la résistance de
l'air nous empêchent de compter sur l'exactitude
absolue des appareils électro-magnétiques avec

des organes mécaniques, et font préférer ceux
qui sont basés sur les réactions chimiques.

Une feuille de papier imbibée d'une solution
acide de cyano-ferrure de potassium, comprise
entre un disque métallique et un style de fer,
forme la base du télégraphe électro-chimique de
Bain de Londres. En faisant communiquer le pôle
négatif au disque, et le pôle positif avec le style,
celui-ci tracera en bleu sur le papier le chemin
relatif déterminé par une cause mécanique quelconque quand le circuit sera fermé.

On a déjà essayé d'appliquer ce procédé aux
chronographes, mais l'affaiblissement graduel du
bleu vers les extrémités des deux lignes tracées,
dont on ne pourrait pas distinguer exactement
les limites, a paru un inconvénient assez grave
pour y faire renoncer. Cependant en ayant égard
aussi à son application à la télégraphie, j'ai obtenu les perfectionnements suivants :

1° J'ai remplacé la solution saline par une
autre de plus facile décomposition. Sa sensibilité
la rendra presque instable, de sorte qu'elle se dé-
composerait même à la lumière diffuse. J'ai
éprouvé beaucoup de difficultés pour la fixer
après le tracé des signaux.

2° J'ai étendu à la décomposition électro-chimique le bénéfice du multiplicateur.

L'action électrolitique d'un courant, dans les cas ordinaires de décomposition chimique, peut se comparer à l'effet d'un élément linéaire dans les phénomènes électro-magnétiques ; le multiplicateur a permis d'accroître les effets de ces derniers dans une proportion énorme par rapport à la dépense : en effet, dans le circuit télégraphique, si l'on porte une bobine à un million de tours sans introduire dans le conducteur général, en moyenne plus de $\frac{1}{10}$ de la résistance totale, le courant ne sera affaibli que dans cette proportion, et pour cela on aura une multiplication réelle de cent mille. J'ai réalisé le même avantage dans le cas chimique.

3° J'ai quadruplé, dans l'application au télégraphe, le nombre des signes radicaux, de manière à n'employer avec un seul conducteur, pour trente signaux, que les combinaisons binaires ; avec deux fils on a tous les signaux simples.

4° J'ai projeté une disposition mécanique pour obtenir, dans la rapidité de transmission, les limites permises par la sensibilité du sel à la décomposition, et j'espère que cette accélération sera un progrès notable sur les méthodes télégraphiques en usage jusque aujourd'hui.

5° J'ai écarté les inconvénients secondaires qui retardent la réalisation d'un système de télégraphie regardé comme le meilleur par les physiciens.

2° Décomposition par le courant primitif.

Pour les usages balistiques, je me sers seulement du n° 1, c'est-à-dire de celui par lequel j'ai constaté la sensibilité à la décomposition, de sorte qu'il suffira d'un courant très-faible pour donner un signal. Un courant d'une forte intensité produira cette décomposition presqu'au premier instant de son action. En substituant aux styles mis en action par une force électro-magnétique du chronographe, par exemple, de Martin de Brettes, ou d'autres, des styles ou des ressorts fixes posant légèrement sur le cylindre couvert d'une couche imbibée de la solution saline, j'espère avoir beaucoup diminué les causes de retard. Mais il y a mieux encore.

3° Décomposition par le courant d'induction.

La durée des courants d'induction est considé-
rée comme instantanée; or, un signal dû au passage d'un de ces courants, imprimé sur un cylindre chronographique tournant à grande vitesse,
serait représenté par un point, ou par une ligne
plus ou moins courte, selon la durée qu'on voudra encore attribuer au courant d'induction. Que
ce soit un point, ou le centre de la ligne que nous
venons de supposer, qu'on prenne pour signal,
la question est ramenée à remplacer les courants
primitifs par les courants induits.

Je ferai observer que le courant induit, naturellement doué d'une grande tension, produira
son effet chimique analogue à celui qui est produit par la décharge d'une batterie de bouteilles
de Leyde; par conséquent, on n'aura pas de gradation de couleur, ou, s'il y en avait, il en résul-
terait, par deux décharges successives, deux traits
de même longueur dont les centres seraient à
même distance que les extrémités analogues.

Le courant induit se développe soit en fer-
mant, soit en ouvrant le circuit du courant primitif. Mais la durée de ces deux courants d'in-

duction est-elle égale? N'ayant pas encore pu m'en assurer, je donne deux combinaisons, dont l'une est indépendante de cette question, quand même la différence de temps due à des intensités inégales, ou à la durée des deux courants d'induction d'ouverture et de fermeture, pourrait se calculer *à priori*, si on devait admettre ces différences de durée.

La fig. 16 représente une disposition semblable à celle de la fig. 14, avec la différence qu'on a remplacé l'électro-aimant M par un appareil d'induction I, et de celui-ci partent les extrémités du fil induit $\alpha\, z\, s$, $\beta\, z'\, s'$.

Ceux-ci se terminent par de petites lames de platine, dont les extrémités $s\, s'$ pressent le papier enroulé sur le cylindre chronographique C, préalablement imbibé de la solution. Elles y conduisent le courant, qui traverse le petit espace $s\, s'$ en laissant une marque en s, s'il entre par s dans la solution et en sort par s', et inversement, en laissant une marque en s' lorsqu'on change la direction du courant.

J'omets les détails de l'appareil d'induction, qui se compose essentiellement d'une bobine à deux fils, dont l'un est traversé par le courant

primitif qui fait le tour de la cible B, et l'autre
est celui déjà indiqué.

Lorsque la balle, en frappant la cible B, fer-
mera le circuit primitif, le courant d'induction de
fermeture se déterminera, et le fil $z\,s$ par exemple
marquera en s, sur le cylindre tournant un point
ou une ligne très-courte; quand elle aura parcouru la distance des cibles, et elle traversera en
B' et interrompra le circuit, ce qui donnera lieu
à un courant de direction contraire à l'autre, on
aura alors un nouveau point ou une ligne courte
et nette tracée sur le cylindre par le fil $z'\,s'$ en s'.
La longueur de l'arc compris entre les génératrices qui passent par $s\,s'$, ou par la moitié des deux
lignes, donnera le temps employé par le projectile
à parcourir l'intervalle entre les deux cibles.

Seconde combinaison.

Annulons le conducteur d'équilibre des appareils précédents, et réduisons au conducteur simple, qui comprendra la pile P, une cible B et la
machine d'induction I (fig. 17), on aura le conducteur $p\,v\,B\,u\,b\,l\,a\,n\,P$ (pile) qui constituera le
circuit primitif, tandis que le circuit d'induction
de la bobine I sortira par $\beta\,z\,s$ ($z\,s$ petite lame

posant sur le papier) à travers le papier imbibé, et reviendra par l'ouverture du cylindre, au moyen de m_α, à la même bobine. Si le circuit primitif est fermé avant de décharger la pièce, à l'instant de la rupture de la cible B, on aura un courant induit d'ouverture qui fera une marque en s, comme on a déjà indiqué.

Si un appareil semblable, ou plusieurs autres construits avec leurs piles, ou avec des dérivations de la même pile, appuient leurs lamelles respectives sur le même cylindre, la rupture de leurs cibles respectives donnera des marques instantanées, successives, et on aura ainsi une indication analogue à celle projetée par M. Martin de Brettes, avec la différence que les styles seront ici remplacés par des lamelles ou par des fils immobiles qui marquent, au passage direct d'un courant instantané, des points ou des lignes très-courtes, bien marquées, lesquelles, en se combinant avec le mouvement très-rapide et uniforme du cylindre, donneront la mesure de la vitesse cherchée du projectile en un ou plusieurs points de la trajectoire dans un même coup.

La fig. 17 représente, selon ce qui vient d'être dit, l'adjonction d'un autre conducteur p v' B' u' b' l' a' n P (pile) pour le courant primitif, qui comprend une seconde cible B' et une autre machine d'induction I', et par conséquent l'adjonction du conducteur composé de β' z' s' du papier préparé, du cylindre, de la bobine, de m α pour le courant d'induction. Dans l'ensemble de cette figure, on aurait tout ce qui est nécessaire pour déterminer la vitesse du projectile en un point.

Régulateur à résistance d'air.

Parmi les moyens mécaniques qui ont été imaginés pour mesurer les grandes vitesses, le chronographe seul paraît susceptible de faire atteindre le but, à cause de la vitesse illimitée qu'on pourrait imprimer au cylindre qui pourrait atteindre, pour ainsi dire, celle d'un projectile; mais il faudrait assurer l'uniformité du mouvement. Si, avec l'échappement, on a obtenu un très grand degré de constance pour les mouvements lents, comme celui des horloges, et en général pour le mouvement uniformément périodique, cette condition dans les mouvements très-rapides des chronographes ne paraît pas complétement satisfaite, tant qu'on se bornera aux volants à ailettes en usage. Je finis les applications aux chronographes en décrivant un régulateur de mon invention, et qui assurera mieux, je l'espère, l'uniformité de la vitesse du cylindre.

Un arbre PQ est formé de deux cônes creux O A B, O A' B' (fig. 18), opposés par leur sommet O à angle droit; ces cônes sont chacun fermés à leurs bases par une calotte sphérique APB, A' P' B', se réunissant par un tronc changé en globe CC', DD' aussi creux, tandis que leur axe se termine aux calottes par les extrémités polaires P, P' Q. Cette dernière peut être le prolongement de l'axe même du cylindre d'un chronographe, ou bien en communication avec lui au moyen d'un pignon ou d'une vis sans fin.

Au centre du globe qui est le point commun des deux sommets, et normalement à l'axe des cônes est un axe OO', autour duquel se meut librement une double ailette lamellaire aob, $a'ob'$, dont la surface est égale à la section intérieure des cônes qui passerait par l'axe. Cette double ailette, en tournant autour de l'axe OO' (où les poids sont en équilibre), pourra prendre toutes les positions, en partant de celle qui coïnciderait avec ladite section des cônes qui passe par l'axe, jusqu'à celle des angles supplémentaires BOA' B'OA; à cet effet on a pratiqué, sur une génératrice commune aux deux cônes, une fente, à travers laquelle elle peut circuler librement. Il est évident qu'en imprimant au système un mouvement rotatoire rapide autour de l'axe PQ, avec lequel, par la construction même, les centres de gravité des deux ailettes ne coïncideront pas, le levier qui les constitue tendra à prendre, en vertu de la force centrifuge, une position normale à cet axe de rotation, et tendra à développer, en conséquence, toute la surface en dehors des cônes. A partir de cette position, dans laquelle le régulateur opposerait à l'air la résistance maxima, jusqu'à la position où il n'en exerce aucune (quand les ailettes sont toutes fermées), on aurait toutes les gradations possibles.

Outre la simplification de ce régulateur sur celui à force centrifuge (c'est-à-dire sur le pendule conique), qu'on gagne en changeant les bras centrifuges articulés en levier, j'obtiens encore l'avantage d'opposer à la force centrifuge, au lieu de la gravité, l'action d'un ressort, au moyen duquel j'évite une pression nuisible sur les pivots de rotation, et la nécessité de disposer l'axe verticalement.

Le levier des ailettes est creusé autour de son axe OO' (fig. 19) en forme de barillet, qui contient un ressort en spirale, comme celui d'une montre, tendu entre l'axe et la paroi de cette cavité avec les crochets ordinaires. Sa tension est réglée de l'extérieur et tournant l'axe OO' au moyen de la fente pratiquée dans la tête O, et maintenue par la petite roue rr à rochet. Je pourrais, par la forme du ressort, ou par la tension produite avec un excentrique, établir *à priori* la loi de ses efforts ; mais, parce qu'on a deux autres données disponibles, c'est-à-dire la masse et la surface résistante des éléments lamellaires des deux ailettes, il est préférable de les prendre pour les variables dépendantes de la construction du ressort. Pour cela je fais des ouvertures ou des entailles Q à jour, disposées également sur les deux ailettes qui régleront la disposition soit de la masse, soit de la surface, de manière qu'à chaque angle parcouru successivement par les ailettes, elles vérifieront l'équation d'équilibre entre le travail de la force motrice et celui de la résistance de l'air, d'après l'équilibre établi entre la pression du ressort, et celle donnée par la force centrifuge dépendante de la vitesse.

J'omets les calculs relatifs à ce mécanisme, car les éléments disponibles pour modérer toute vitesse sont évidents.

4. Mesure directe par la décomposition électro-chimique de l'eau.

Tous les moyens qui, à ma connaissance, jusqu'à présent ont été mis en usage pour appliquer l'électricité à la mesure des intervalles de temps très-courts employés par un projectile pour parcourir un espace donné, ont, pour cette mesure un espace ordinairement augulaire, fait par un organe mécanique dont le mouvement est uniforme ou de loi connue.

Le rôle de l'électricité est de marquer les limites de cet espace, en supposant que son travail électro-magnétique ou électro-chimique, soit instantané ou du moins d'une durée constante. Mais la première hypothèse est telle, que nul agent de la nature ne pourrait la réaliser sans déroger aux lois plus générales de la physique; quand même, à vrai dire, le fluide électrique, par sa rapidité, semble y déroger.

L'expérience enfin nous détrompe sur le résultat de la seconde hypothèse, car, dans tous les cas, la précision est subordonnée à la délicatesse de la construction, et toujours sujette aux causes dépendantes des organes mécaniques, du frottement, de la résistance de l'air, de la température, de la pression atmosphérique, de l'hygrométrie, du magnétisme terrestre.

La nature de l'action progressive de l'électricité donne directement l'élément du temps, sans aller le chercher au moyen d'appareils secondaires, car elle le représente par les produits de la décomposition électro-chimique de différents liquides, particulièrement l'eau, dont les éléments gazeux se développent en raison de l'intensité du courant et du temps.

Je me fonde donc sur la troisième loi énoncée (pag. 1), qui est admise par tous les physiciens pour les pressions ordinaires, ce qui suffit pour la question que je vais résoudre.

Imaginons un voltamètre dans lequel on puisse mesurer le mélange des gaz décomposés, dont le liquide soit mis dans le circuit à la rupture d'une cible, et soit retiré par la rupture de la suivante; il est évident, en supposant l'intensité du courant constant, que le volume des gaz servira de mesure au temps de la décomposition, qui est le même que celui employé par le projectile pendant son trajet entre les deux cibles.

Pour rendre sensible un volume gazeux développé en si peu de temps, comme est celui employé dans les cas balistiques, il suffirait de produire un courant de grande *quantité* (1), moyennant une grande surface active dans les éléments de la pile, et dans les électrodes, et de recueillir les gaz dans un tube capillaire.

Mais la loi de Mariotte nous donne la manière d'exagérer infiniment le volume d'une quantité donnée de gaz, en diminuant la pression à laquelle il est soumis. A la pression de zéro, c'est-à-dire dans le vide, le volume serait infini, et il sera proportionnellement fini, et en raison inverse des pressions, quand elles auront une valeur quelconque. Voilà le point principal, et voici sa solution.

L'instrument (fig. 20) consiste essentiellement en un vo'tamètre V fermé, qui communique par l'ouverture latérale C à un manomètre MON, et par l'ouverture plus basse D au tube barométrique DGH, qui est terminé à sa partie inférieure par le réservoir P fermé par un piston s; le voltamètre débouche supérieurement en R par le tube à siphon R d e f ouvert en f et qu'on peut fermer par le robinet R.

(1) Les expressions de *tension* et de *quantité* sont prises d'après les résultats de la formule de Ohm et appliqués aux circonstances spéciales qui déterminent la distribution la plus convenable dans les éléments de la pile.

Le vide cylindrique A B C E du récipient V est occupé par les lames électrodes a, c, tournées en spirales. Les spires des électrodes sont tenues à distance par deux croisières en gutta-percha, qui, compriment les bases du cylindre spirale, et leurs extrémités polaires sortent à l'extérieur en p, n. Les parois intérieures RAEDCBR sont en verre; l'appendice tubulaire DF, le tube MON, exactement cylindrique, le tube $d\,e\,f$, sont aussi en verre à très-petit calibre; la portion $e\,f$ est même capillaire, le robinet R est en platine; le tube FGH, comme le récipient P, et le métal du pis-ton s sont en fer. Le piston est conduit dans le récipient cylindrique P par une vis T, ou par un excentrique, etc.

Le récipient V est complétement rempli jus-qu'au robinet R, d'eau acidulée qui doit être dé-composée; le tube mFGHP de la hauteur baro-métrique Pm est rempli de mercure; le tube MONC complétement vide d'air (vide barométri-que) sera rempli par l'eau acidule jusqu'en O, de niveau avec le dessous du robinet R.

Supposons maintenant le circuit fermé avec les électrodes a. c, le premier élément gazeux se développera sous la pression zéro, les éléments successifs se dégageront sous des pressions crois-

santes progressivement en proportion des hauteurs 0'1, 0'2, 0'3, etc. du liquide données par
les différences du niveau du liquide dans le tube
MONC et dans le récipient V, d'où le liquide
est expulsé par le gaz naissant, qui va occuper
le sommet R.

Les quantités des gaz développés, et par conséquent les temps sont proportionnels aux carrés
des différences de niveau du liquide dans le tube
MONC et dans le récipient V. Il est évident que
les variations de la tension de la vapeur d'eau aux
différentes températures, et celles de la pesanteur spécifique du liquide n'infirment pas la graduation faite d'après la loi indiquée, et qu'elle
est comparable pour toute la hauteur MO du tube,
lorsque l'intérieur de ce tube, et celui du récipient V près du robinet R, sont cylindriques. On
est alors dispensé d'observer le niveau R, car le
mouvement des deux ménisques est toujours proportionnel. J'ai imaginé d'autres appareils analogues à celui-ci, entre autres un qui donnerait
les hauteurs en raison directe de la quantité de
gaz; mais je préfère celui que je viens de décrire,
car la graduation établie d'après la loi des carrés
donne des indications avec une précision très-
grande, pour les instants très-courts des phéno-

mènes balistiques, et cela sans arriver à des hauteurs incompatibles avec les intervalles qu'il conviendra de prendre pour unité dans les vérifications qu'on voudrait faire par le chronomètre, comme je ferai voir par la suite.

Du reste, dans les mêmes circonstances on pourra encore rendre plus sensibles les indications en faisant varier l'inclinaison du tube MON depuis la position verticale jusqu'à l'horizontale, on aurait ainsi un coefficient disponible pour la graduation.

Revenant à notre appareil, considérons-le annexé au système de conducteurs, fig. 14 ou 16 au lieu de l'appareil M ou I, de manière que les extrémités polaires p, n de l'un soient substituées aux extrémités a, b de l'autre. En rompant la cible B, le courant, qui passera par le voltamètre V, produira la décomposition; en rompant la cible B' le courant cessera, et la décomposition aussi; le gaz développé dans le court espace de temps entre les deux ruptures aura soulevé le liquide dans le tube MONC en raison: 1° de la basse pression; 2° du rapport de la quantité d'électricité, et par conséquent du volume d'eau décomposée, à la section du tube susdit; la construction particulière de l'instrument donnera donc une élévation considérable *h* qui servira pour la mesure du temps cherché quand on connaîtra les conditions que j'indiquerai plus loin.

Pour recharger l'appareil après l'opération, on poussera le piston *s* en tournant la vis *T*, pour pousser la colonne liquide qui vient remplir le vide du tube MON. En ouvrant le robinet R, et en continuant la pression du piston, on chassera le gaz rassemblé à la partie supérieure ARB, jusqu'à ce que le liquide ait presque rejoint la pointe *f* du tube *d e f*. Si on présente alors à l'ouverture *f* un récipient rempli d'eau distillée, et qu'on soulève le piston, on en introduira dans l'appareil de manière à remplacer celle décomposée, en se réglant sur la marche de la bulle gazeuse interposée. On arrêtera le piston quand le niveau du liquide dans le tube MON sera en *O*.

On reconnaîtra la constance du volume de la solution en observant le ménisque supérieur du mercure au point *m* du tube en verre D *m* *F*. Pendant la décomposition la présence du liquide au tube *ef* est signe de la fermeture hermétique du robinet R. Du reste, l'alimentation se peut faire à intervalles très-longs, car l'indication est indépendante du poids spécifique de la solution acidulée.

Je vais maintenant m'occuper des forces perturbatrices que je dois combattre à cause de leur irrégularité; telles sont : 1° la pression atmosphérique; 2° la polarisation des électrodes; 3° la température; 4° l'absorption des gaz par le liquide; 5° la perte des gaz par les ouvertures; 6° les défauts de l'instrument au point de vue physique ou géométrique.

Quant à la pression atmosphérique, l'appareil en est indépendant, car la colonne *ms* du mercure est égale à la moyenne de la colonne barométrique, pour contrebalancer toute pression étrangère sur le piston, parce que le récipient est fermé de toute autre part, et parce que les parois sont rigides, et partant indépendantes des pressions.

La polarisation sera rendue impossible : 1° en portant la pile à une tension assez forte pour ne pas laisser modifier le courant par cette résistance passive; 2° par la nature des surfaces des électrodes, en platinisant les lames de platine (procédé démontré efficace); 3° en augmentant la surface des électrodes, ce que je fais en disposant une grande surface sous un petit volume par la disposition en spirale, et sans altérer la condition de l'uniformité d'action de tous les éléments superficiels (1); 4° en produisant préalablement une forte décomposition qui donne le plus grand degré de polarisation (en maintenant ouvert le robinet R), à partir de laquelle la réaction sur le courant soit sensiblement constante. Enfin les variations de température qui modifient la forme de l'appareil, la tension des vapeurs, la densité du liquide, sans dédaigner la méthode de tenir compte des indications d'un thermomètre, ont une influence presque nulle quand leur action est proportionnée aux volumes. Il en sera de même de la variation de la pesanteur spécifique du liquide par l'eau décomposée. L'absorption des gaz est aussi évitée en saturant d'abord le liquide.

(1) Soient aa_n, cc_n (fig. 21) les projections de deux fils métalliques de longueur égale et indéterminée qui doivent, comme électro ies, exercer l'action électrolytique sur le liquide qui les sépare. Si leur communication avec la pile est établie aux extrémités, r ciproquement plus éloignées a, c, on concevra facilement que le courant aura la même tendance à se décharger aux différents points correspondants, a et c_n, a, et c_{n-1} .... a_{n-1} et c, a_n et c, car tout est symétrique relativement aux pôles. On obtient un effet analogue en donnant la forme de spirale aux électrodes qui communiquent avec la pile par a et c (fig. 22) comme je fais. De plus, dans ces lames la communication serait ouverte par les angles les plus éloignés en ligne diagonale.

Voici comment j'obtiens les indications indépendamment des causes perturbatrices qui ne sont pas tout à fait éliminées.

Appareil chronométrique.

Imaginons un instrument à part, soit un chronomètre conforme, si l'on veut, aux modèles ordinaires, qui serait d'exactitude suffisante, comme on démontrerait facilement, soit l'appareil spécial que j'ai imaginé, dont il suffit de considérer le cylindre N P (fig. 23) monté sur l'axe de la roue d'échappement, douée d'un mouvement intermittent périodiquement uniforme. Le cylindre, composé d'une substance isolante comme l'ivoire, le bois, etc., sera, par exemple, divisé en trois zones égales, normales à l'axe sur sa surface convexe, et chacune d'elles est subdivisée aussi en trois parties qui sont respectivement couvertes d'une lame métallique. La première lame de chaque zone, c'est-à-dire les lames h'' o'' v'' embrassent la circonférence entière; la troisième lame de chaque zone, c'est-à-dire h''' o''' v''', s'étend sur la moitié de la circonférence; enfin la seconde lame des deux premières zones, c'est-à-dire h'' o'', embrasse aussi la demi-circonférence;

mais celle v'' de la troisième zone recouvre un arc de 210 degrés, et cela à partir d'une génératrice commune K. Les subdivisions de la zone voisine de l'extrémité N, en composant une seule lame, sont en communication avec le pivot N; de même les deux autres groupes, c'est-à-dire les six subdivisions des deux autres zones réunies en une seule lame, communiquent avec le pivot opposé p; les deux pivots sont isolés l'un de l'autre par la matière même du cylindre.

Les deux pivots n, p sont toujours en contact métallique respectivement avec deux petites lames N N' P P'; une règle S S se mouvant parallèlement à l'axe du cylindre sert à fixer par une de leurs extrémités trois petites lames H α, O β, V γ, qui reposent par l'autre sur une même génératrice et sur un même numéro de chaque zone ternaire, et peuvent, par le mouvement de la règle, se porter sur les deux autres subdivisions. Je nomme première, seconde, troisième, les trois positions que les petites lames peuvent prendre par un mouvement de translation de la règle, qui est imprimé à la main, positions qui sont déterminées par trois entailles marquées 1, 2, 3, occupées successivement par un appendice ajouté au manche M.

Supposons que les systèmes de conducteurs représentés par les fig. 14 et 16 soient interrompus aux endroits $n\,h$, $p\,o$, $p\,v$, et qu'on y introduise l'appareil qui vient d'être exposé, pour fermer les conducteurs partiels, en mettant les extrémités libres en rapport avec les lamelles marquées de la même lettre majuscule. Si les lames se trouvent dans la position première, la communication métallique primitive continuera même pendant la rotation du cylindre du chronomètre. Si elles sont portées à la troisième position, la rotation du cylindre établira et interrompra alternativement le circuit métallique; lorsqu'elles se trouveront à la seconde position, la rotation du cylindre produira également l'interruption, mais l'interruption des conducteurs $n\,h$, $p\,o$ aura lieu avant celle du conducteur $p\,v$, par suite de la différence (1) qui existe entre l'arc v'', et les deux autres h'', o'' qui sont égaux entre eux; de sorte que, dans cette seconde position, la révolution du cylindre en $12''$ déterminera, dans les circuits des fig. 14 et 16, des interruptions semblables à celles que produirait une balle qui

---

(1) La différence est de $\frac{1}{55}$ de circonférence, puisque $\frac{2}{110} = \frac{1}{55}$ est comparé à la demi-circonférence $= \frac{1}{2}$.

emploierait 1'' pour parcourir l'espace qui sépare les deux cibles B et B', et cela avec la plus parfaite exactitude.

Supposons donc, pour l'expérience, qu'on introduise cet appareil dans le système de conducteurs, fig. 14 ou 16, de la manière qui a été indiquée, et avec l'appareil à décomposition de l'eau au lieu de la machine électro-magnétique M, et que tout soit préparé pour le tir.

Avec les lames dans la position n° 1, on constatera l'existence de l'équilibre des courants par l'absence de toute trace de décomposition ; dans le cas contraire, on modérera le rhéostat R en observant d'abord que les bulles gazeuses n'apparaissent plus dans le voltamètre ouvert, et réglant avec le voltamètre refermé jusqu'à ce que le liquide du tube M O N (fig. 20) soit stationnaire. Cela fait, on ramène le liquide de ce tube au niveau O, puis on passe à la position n° 2, pour laquelle chaque tour du cylindre produira dans les circuits des deux cibles une interruption respective avec intervalle de 1''. On observera alors le nombre l de degrés parcourus par le niveau du liquide dans l'intervalle du premier tour, au moyen de l'échelle du tube gradué M O N, puis la longueur l' correspondante au tour suivant. Si $l = l'$, il n'y aura ni polarisation, ni absorption des gaz, ni autres causes d'erreur appréciables, puisque la décomposition est proportionnelle au temps.

Après avoir remis les lames dans la position n° 1 et préparé le voltamètre avec le liquide au niveau O dans le tube manométrique, on donne le signal du tir; son effet dans les deux cibles sera de faire monter d'une quantité h le niveau susdit qu'on lira en degrés.

La valeur du temps cherché t sera donnée par

$$t = 1'' \times \frac{h}{l} = \frac{h}{l'},$$ en prenant la seconde pour unité.

Le cylindre chronométrique nous offre le moyen de nous assurer de la simultanéité entre la rupture de chaque cible et l'action déterminée dans le voltamètre, en portant les lames à la position n° 3. En effet, par la construction de l'appareil, les circuits des cibles étant ouverts et fermés en même temps, l'équilibre devra exister dans le voltamètre, car à chaque tour les courants sont alternativement nuls et équilibrés. Cela servira à prouver :

1° Que le rhéostat a été bien réglé; 2° que mon appareil à décomposition d'eau ne donne lieu à aucune correction de temps. comme dans les autres méthodes connues. Il est évident que l'expression $t = \dfrac{h}{l}$ est exacte indépendamment de la polarité, de l'absorption et de la température, puisqu'on est assuré que pendant des temps égaux il se produit des volumes égaux de gaz; quant aux autres causes, il n'en est plus question, car c'est pour elles qu'on cherche avant, et si l'on veut, après l'expérience du tir, la quantité décomposée dans l'unité de temps, et qu'elles ne subissent aucun changement pendant la courte durée de l'expérience.

Je me sers aussi de cet appareil chronométrique avec les chronographes électro-magnétiques. Supposons, en effet, le cylindre du chronographe en mouvement, que les styles tracent sur la surface leur courbe continue, et que le cylindre du chronomètre soit aussi en mouvement. On portera à cet effet les lames de ce dernier à la position n° 2 ; on leur laissera faire au moins deux révolutions, puis à la position n° 3, et enfin à celle n° 1, et on fera partir le canon. On vérifiera *à posteriori* sur le cylindre du chronographe :

1° Si les traits produits par l'intervalle isolant du cylindre chronométrique à la position n° 2 sont tous de la même grandeur, que nous nommerons l; si cette égalité existe, le mouvement du chronographe sera uniforme, et, partant, dans les conditions requises.

2° La différence entre les traits, s'il en existe, qui correspondent à la position n° 3 du chronomètre, indiquant un intervalle de temps correspondant à un arc ω (rapporté à l'unité de l) dans le mouvement des styles, représentera la correction positive ou négative du temps du mouvement des styles qui sera requise par la construction même de l'instrument, etc.

3° Quand on a la valeur de h ou de l'arc compris entre les traits des styles correspondants aux ruptures des cibles, on possède tous les éléments nécessaires pour la mesure du temps, qui sera donnée par $t = \dfrac{h \pm \omega}{l \pm \omega}$, sans avoir besoin de connaître la valeur absolue de la vitesse du cylindre chronographique, ni aucune autre considération quelconque.

En introduisant, au moyen d'un distributeur spécial, que j'omets de décrire, l'appareil chronométrique dans les différents circuits déjà établis sur le terrain, on pourra préparer tout ce qui est nécessaire pour obtenir dans une même expérience la vitesse du projectile en plusieurs points de sa trajectoire.

On pourrait croire que les avantages de l'instrument, qui donne la mesure directe du temps par la décomposition de l'eau sans d'autres fonctions d'ordre mécanique, sont illusoires, puisqu'il faut recourir à un appareil tout à fait mécanique, comme le chronomètre, pour traduire en nombres l'expression $T = \frac{h}{r}$. Mais je ferai observer :

1° Qu'en dernière analyse le temps même dans les phénomènes astronomiques est rapporté aux indications du chronomètre pour des intervalles beaucoup plus considérables, et par conséquent avec un coefficient d'erreur proportionnel.

2° Qu'un chronomètre comme celui que je propose, lequel indique aussi les temps au moyen d'aiguilles, donnera certainement une exactitude très-grande, si l'on observe qu'en se contentant d'une approximation de $1'''$ sur 24 heures, l'erreur serait de $\frac{1}{518,400,000}$ de seconde pour une durée de $1''$.

Le chronomètre est donc l'instrument le plus parfait qui, dans l'état actuel de la mécanique, possède le degré d'une exactitude suffisante ; mais seulement aux conditions dans lesquelles je m'en sers, c'est-à-dire en mesurant des périodes de temps égaux et déterminées *à priori*. Pour cela j'ai expressément rapproché le cylindre NP de la roue même d'échappement, qui est la seule roue de la machine, pour qu'à chaque tour il soit toujours en des circonstances périodiques d'uniformité ; de plus on a rendu la force motrice constante en faisant recharger le ressort B par le mécanisme même à chaque tour de cylindre, et cette force est très-énergique, afin d'obtenir une vitesse de détente très-rapide relativement à celle du pendule ou du balancier.

Pour être plus bref je néglige les procédés nécessaires pour obtenir l'exactitude pratique, particulièrement pour limiter la grandeur des roues du cylindre chronométrique en relation des lamelles. Ces procédés sont tous prévus, et je me bornerai à observer que l'on obtient cette précision d'une manière analogue à ce qui se pratique pour les instruments d'optique, c'est-à-dire par des modérations successives, démontrés *à posteriori* avec des instruments amplificateurs.

J'omets d'autres observations sur le mécanisme représenté dans la figure. Ce n'est pas le seul projet de chronomètre que je puisse proposer pour cet usage ; car j'en pourrais produire un fondé sur l'électricité même, et à force constante, quelle

que soit l'intensité du courant ; il est un cas
particulier de l'horloge électrique que j'espère
avoir conduit à une conclusion.

CONCLUSION.

Si l'on compare la petite masse, la simplicité,
la mobilité des appareils électriques à celles du
pendule balistique, et l'opération de réunir quelques fils dans les cibles (1) à celle de changer
des masses de plomb ou des barils de sable, enfin
les dépenses des matières consommées, si l'on
remarque qu'on a remplacé la suspension très-
difficile de la bouche à feu dans le pendule par
l'usage des pièces sur leur affût, si l'on recon-
naît qu'avec les méthodes électriques on peut
évaluer la vitesse du projectile sous un angle de
projection quelconque, et pour plusieurs points
de la trajectoire dans le même coup ; qu'en changeant seulement les cibles, le même appareil
peut servir pour toutes les bouches à feu, y com-
prises les armes portatives, enfin qu'on n'aurait
plus à tenir compte des constantes, ou pour mieux
dire des inconstantes, qui changent si facilement
de valeur, et sont si difficiles à constater ; que

l'instrument indique par lui-même le degré d'exactitude obtenue. Si l'on réfléchit à la simplicité des calculs, et surtout à la propriété de l'appareil à décomposition de l'eau de ne pas être affecté par les vibrations produites par l'explosion, j'espère qu'on voudra conclure en faveur des applications électriques, soit pour épargner les premières dépenses, celles de main-d'œuvre et de consommation, soit pour la facilité de la manœuvre et pour la vasteté du champ des expériences, soit enfin pour la précision rigoureuse, et qu'on n'hésitera pas à conclure à remplacer dans l'artillerie le pendule de Robins par l'un de ces systèmes, particulièrement par le dernier que j'ai proposé.

BESSOLO ALEXANDRE,

Lieutenant d'artillerie dans l'armée sarde.

Turin, 12 mars 1854.

TABLE DES MATIÈRES.

FIN DE LA TABLE.

Paris. — Imprimerie Beaulé rue Jacques de Brosse, 19.

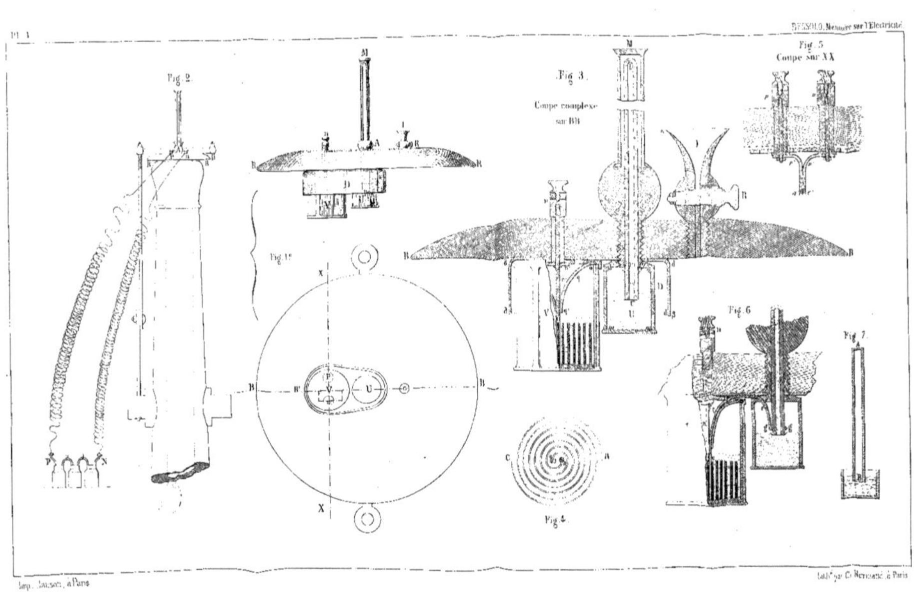

Pl. 1
Fig. 2
Fig. 3
Coupe complexe sur BB
Fig. 5
Coupe sur XX
Fig. 1
Fig. 6
Fig. 7
Fig. 4

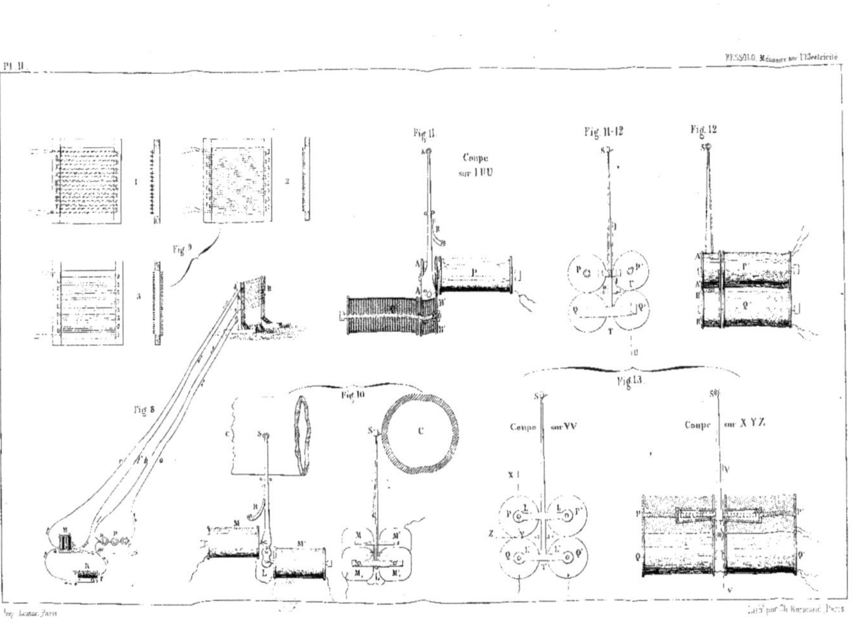
Fig 9
Fig 8
Fig 10
Fig 11
Coupe sur UU
Fig 11-12
Fig 12
Fig 13
Coupe sur VV
Coupe sur X Y Z

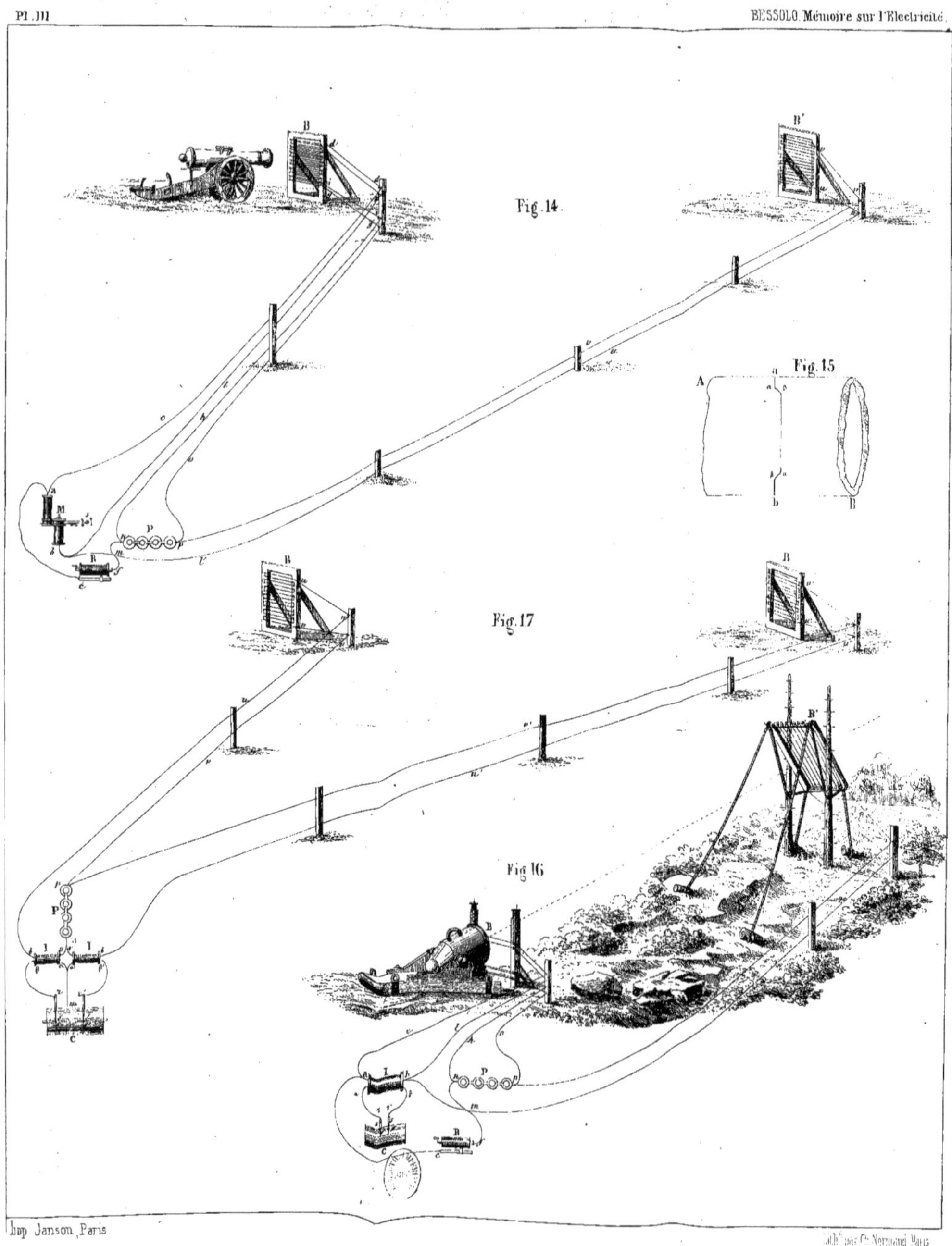
Fig. 14.
Fig. 15
Fig. 17
Fig. 16
A
B
B'

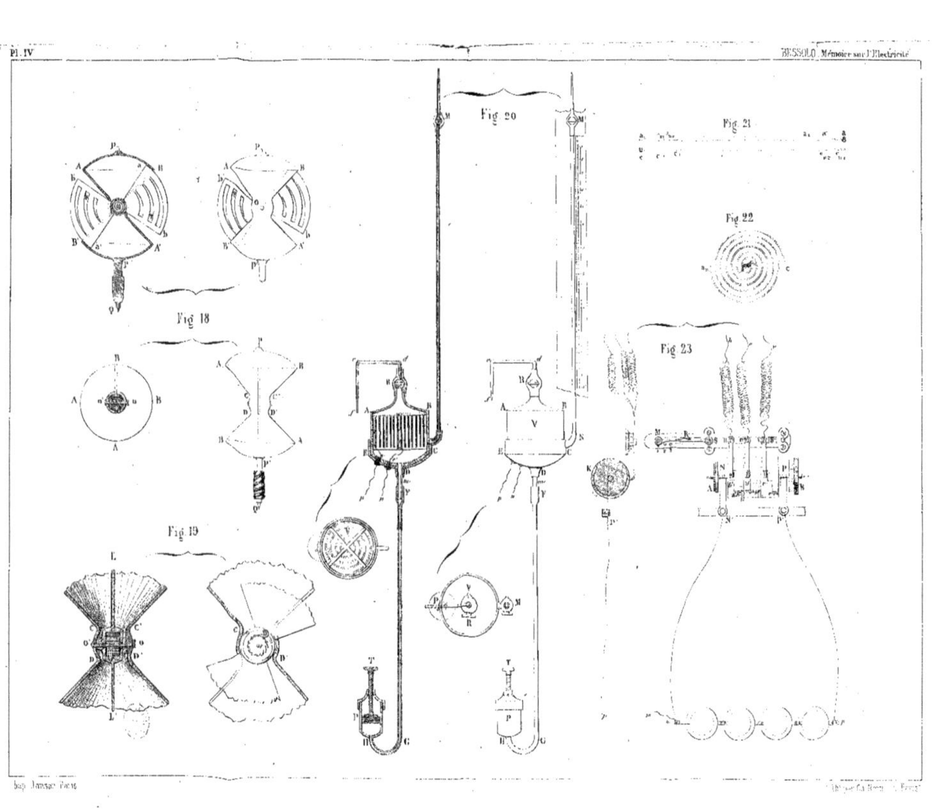
Fig 18
Fig 19
Fig 20
Fig 21
Fig 22
Fig 23

PARIS. — TYP. BEAULÉ, 10, RUE JACQUES DE BROSSE.

www.ingramcontent.com/pod-product-compliance
Ingram Content Group UK Ltd.
Pitfield, Milton Keynes, MK11 3LW, UK
UKHW020033100726
13658UKWH00003B/1281